MARCOS ANTÔNIO PIRES

O CAIPORA

ILUSTRAÇÕES:
Internet - Canva
IA - designer.microsoft.com

REVISÃO GERAL:

Professora Maria Rosimeire Freitas
Professora Benedita Vangésia Alves

Clube de Autores Publicações S/A - CNPJ: 16.779.786/0001-27
Av. Juscelino Kubitscheck, 350 - 2 andar - Centro, Joinville - SC, 89201-100

CIP-BRASIL. CATALOGAÇÃO NA PUBLICAÇÃO

P746c   *Pires, Marcos Antônio, 2024*
O Caipora/Marcos Antônio Pires. – 1 ed. – Joinville - SC: Clube de Autores Publicações, 2024.
ISBN: 978-65-266-3245-1

1. Contos. 2. Folclore. Literatura infanto-juvenil.
I. Título. II. Autor.

CDU 82-1/-9
CDD 869.301

Na imensidão das matas virgens pelo nordeste a fora vive Caipora. Caipora montado em um porco-do-mato percorria toda a mata se certificando se tudo estava bem. O protetor das matas e dos animais se sentia encantado com toda a vastidão verde e abundância de vida ao seu redor e como gratidão por tudo o que desfrutava, procurava sempre cuidar do habitat onde vivia. Para ele, a harmonia entre os seres vivos dali era extremamente necessária, já que a sobrevivência de um, dependia diretamente da sobrevivência do outro. Caipora tinha plena consciência e isso o impulsionava cada vez mais a proteger aquele bioma.

Caipora com seu jeito moleque de ser, procurava ser amigável com todos os habitantes da floresta, pois queria saber de tudo o que acontecia no meio ambiente local. Enquanto isso, não muito distante dali, homens de uma pequena vila planejavam explorar as matas virgens da região. Tais caçadores se muniram de espingardas e afiados facões e aguardavam a próxima lua cheia para saírem à caça.

A tão esperada noite de lua cheia chegou... a visibilidade não estava tão boa o que iria dificultar a identificação dos animais silvestres em meio a vegetação densa, pois a copa das árvores inibiam a luz da lua. Dois caçadores, acompanhados de seus fieis cães adentraram na mata e em pouco tempo de caminhada, começaram a admirar as frondosas árvores. O ar puro e perfumado do ambiente enchiam seus pulmões, motivando-os a respirarem com mais intensidade. Mas, nem tudo eram flores... os caçadores ficaram atônitos diante do silêncio absoluto naquela floresta.

Os caçadores, preocupados, murmuravam entre eles... – onde estão as pacas, tatus, pebas, cutias, preás, veados, caititus, jacus, etc.? E os cachorros? Onde estão? Não se ouve um latido se quer deles? Como caçadores experientes eles sabiam que algo estava errado. Quando as matas silenciam tem predadores a espreita, mas os predadores ali eram eles, se entreolharam de forma afirmativa. Ambos resolveram fazer uma pausa no meio de uma clareira e ali, acenderam um cigarro de palha e entre uma tragada e outra, admiravam a lua com todo o seu esplendor.

FONTE: https://wallpapers.com/images/high/fundode-floresta-escura-wi7matkwssfycaq3.webp

Caipora, tomado pelo bom senso, tinha decidido há algum tempo que não concederia a nenhum caçador licença para caçar em troca de fumo. Ele não era contra a caça pela sobrevivência, abater só o necessário para alimentar uma família. Mas, ele tinha observado que os caçadores matavam por prazer e não respeitavam as fêmeas amojadas, outras amamentando, nem os filhotes eram poupados.

Na condição de guardião das matas virgens e dos animais, Caipora não permitiria a caça predatória no seu território. Já os indígenas, por respeitarem a natureza tinham permissão para caçar, pois matavam só o suficiente para alimentar sua tribo. Além do mais, Caipora e o Pajé se conheciam e foi o velho índio que o apresentou uma planta nativa usada nos rituais em substituição ao fumo. Com ela, Caipora fazia seu cigarro de palha e saia montado em seu caititu baforando e perfumando ainda mais o ambiente.

FONTE:
https://blogger.googleusercontent.com/img/b/R29vZ2xl/AVvXsEgOT7KZFyOQJD6d6UwgO7
5DNKFKc865s6uKVRVwVs3NwDr0-
0gosJQjJp2VqSh3nAQX0TTNHTeMXvdKyQzJH9uYZRxNcCnyEn1MhGOZtrkskmBOcXaNYS
vSLfiKdqlBdalwE140PVaff5Y/s1600/ Caipora_by_Light_Schizophrenia.jpg

De repente, não tão distante dali, os caçadores ouviram os dois cães grunirem, demonstrando choro, como se alguém os espancassem. Assustados, eles se levantaram rapidamente e logo tiveram a certeza que a noite não estava para caça. Reza a sabedoria popular que quando os cães choram na mata na ocasião de uma caçada é mau agouro. Alguns minutos depois, chegaram os cães com as orelhas baixas e o rabo entre as pernas, totalmente submissos e amedontrados. Os caçadores chamaram os cães para junto de si e os acariciaram tentando passar segurança aos canídios.

Os caçadores perceberam que os cães estavam inquietos, como se alguém os observassem próximo dali. Decididamente, recolheram os seus pertences e resolveram ir embora. No fundo no fundo, os caçadores sabiam quem era o responsável pelo fracasso daquela caçada. Embora nunca tenham visto, eles acreditavam na existência do Caipora – um ser sobrenatural de cor escura, de estatura baixa, cabelos negros e mal cuidados montando um porco-do-mato protegia todos os animais.

Não sabiam os caçadores, que ao se embrenharem nas matas virgens, os espíritos que habitavam a floresta informaram ao Caipora do perigo iminente, e este, mais que depressa, reuniu todos os animais de pequeno e médio portes e os levou para um local seguro. Caipora também pediu aos insetos que ficassem em silêncio, pois era uma forma de confundir os intrusos.

FONTE: https://img.freepik.com/fotos-premium/foto-renderizada-em-3d-de-uma-colecao-de-animais- e-aves_1198274-40319.jpg?w=826

Caipora, convicto de que os animais estavam fora de perigo, pediu que todos voltassem as suas vidas de antes. Mal sabia ele que a bituca do cigarro de palha que os caçadores jogaram antes de saírem, além de estar acesa que nem brasa, o vento a empurrava rumo à velha coivara, ali perto, repleta de galhos e folhas secas.

FONTE:
https://wallpapers.com/images/high/burning- temperature-of-tall-bonfire-z23wnwl5ni9biq1o.webp

Ao atingir a coivara devido à ação do vento, deu-se início um incêndio que poderia se tornar incontrolável, sem precedentes, fatal a toda vida vegetal e animal. Logo o fogo começou a consumir a coivara levantando uma coluna de fumaça, denunciando assim o incêndio no meio da floresta.

Ao saber do incêndio, Caipora alertou todos os animais e pediu que fossem para as margens de um riacho entre as serras próximas dali. E assim todos obedeceram... mas o protetor das matas virgens se sentiu impotente, pois a vegetação não podia mudar de lugar. Mergulhado em pensamentos duvidosos, Caipora montado em seu caititu, dirigiu-se ao local do incêndio a fim de monitorá-lo, pois nesse momento jamais deixaria sua floresta, sua casa, sozinha.

O fogo ainda devorava a coivara, ao derredor dela tudo era verde, o que dificultaria a expansão do incêndio, concluiu Caipora ao chegar ao local. Ele sabia que suas amigas árvores iriam resistir bravamente às chamas ardentes, pois o ecossistema ali vivia em perfeito equilíbrio.

FONTE: https://99px.ru/sstorage/56/2019/11/image_56151119000851820 6480.jpg

Quando há harmonia em um ecossistema, tudo favorece para a manutenção da vida. Essa é a grande vantagem das matas virgens onde a interferência do homem não se faz presente. A natureza por si só assumiu a responsabilidade de restaurar o ambiente maculado e isso não seria diferente diante do problema a se enfrentar.

As árvores tinham um trunfo nos galhos. Pois são elas que liberam vapores orgânicos para a atmosfera, que se condensam e formam chuvas. O céu estava carregado e antes do dia amanhecer a chuva caiu, apagando o fogo. Animais e plantas comemoraram felizes o feito, afinal água é sinônimo de vida.

A floresta que antes estava silenciosa se tornou uma micareta fora de época onde se ouvia o misturar dos sons emitidos pelos animais. Já o Caipora mais do que nunca renovou seu compromisso em proteger as matas virgens e os animais, afinal de contas tudo valeu a pena.

FONTE:
https://img.freepik.com/fotos-premium/estrelas-timelapse-sobre-as-copas-das-arvores-na-floresta- amazonica-a-noite_358270-3784.jpg?w=1060

FONTE: www.canva.com, https://designer.microsoft.com

Os caçadores já em suas casas, lembraram que esqueceram de apagar as bitucas do cigarro antes de jogá-las ao chão, mas a chuva lhes deram um grande alívio e saíram para fora a espiar, no horizonte, a imensidão verde a sua frente. Na ocasião, ainda ouviram os sons que saiam das matas e diante da experiência mal sucedida que vivenciaram nunca mais apareceram por lá. Para eles, tudo fazia sentido agora e não duvidem, o sobrenatural existe, acreditem.

GLOSSÁRIO

Abundância – (sf) Grande número de pessoas, animais ou coisas. Ex.: "Chegam os viajantes à foz do rio onde se criam em grande abundância as saborosas traíras [...]".

Abater – (vtd) Tirar a vida de; matar (referindo-se a animais de caça ou àqueles destinados a consumo, nos matadouros, em geral). Ex.: "Abatia os bois para vendê-los aos açougues".

Adentrar – (vpr) Penetrar no interior de algo; embrenhar-se. Ex.: "Os animais corriam para a mata, onde se adentravam [...]".

Agouro – (sm) Qualquer sinal tido por prenúncio de fatos futuros, bons ou maus. Ex.: "[...] em tudo descobria sinais de agouro e motivos para desconfiança".

Amojada – (adj) Em estado adiantado de prenhez (diz-se da vaca e de outras fêmeas de animais prestes a parir e com o úbere desenvolvido).

Atmosfera – (sf) Esfera gasosa que envolve a Terra, constituída essencialmente de oxigênio e nitrogênio.

Atônito – (adj) Muito assombrado.

Baforar – (vtd) Expelir (fumaça) pela boca.

Bioma – (sm) Unidade biótica imediatamente superior ao ecossistema, formada por todos os vegetais, animais e comunidades existentes em determinado espaço e caracterizada por tipos de vegetação semelhantes, porém em diferentes estágios de evolução, como, por exemplo, floresta decídua temperada, tundra, pastagem ou deserto.

Bituca – (sf) Ponta de cigarro, charuto ou baseado já fumado; bagana, beata, bigu, chica, guimba, menor, prisca, pucho, vintes.

Caititu – (sm) Mamífero artiodáctilo e não ruminante (Tayassu tajacu), da família dos taiaçuídeos, encontrado nas matas das Américas, de pelagem cinza-escura, um colar de pelos brancos e patas pretas; cateto4, pecari, porco-do-mato, tateto: "Sempre que essa gulosa volta da caça, exibe com orgulho o que trouxe, seja veado, paca ou caititu".**Caipora** – (sm+f) Ente fantástico originário da crença tupi, derivado do curupira, muito conhecido popularmente e que, conforme a região, é representado ora como uma mulher unípede, que anda aos saltos, ora como uma criança de cabeça enorme, ora como um caboclinho encantado, ora ainda como um duende sertanejo, cujos pés têm calcanhares para a frente e os dedos para trás e que anda montado em um porco-do-mato e protege as caças, matas e florestas. Em todas essas versões da crendice popular, é, entretanto, associado à má sorte e à morte; caapora.

Coivara – (sf) Quantidade de galhos, gravetos ou ramagens a que se deita fogo, para limpar o terreno e adubá-lo com as cinzas, preparando-o para a lavoura.

Condensar – (vtd e vpr) Tornar (-se) líquido (gases ou vapor); liquefazer. Ex.: "O congelador condensa a água, transformando-a em gelo. Os vapores d'água condensam-se nas manhãs mais frias, formando uma névoa".

Convicto – (adj) Que tem convicção de alguma coisa; convencido, crente, persuadido.

Ecossistema – (sm) Sistema formado por um meio natural e pela comunidade de organismos animais e vegetais, assim como as inter-relações entre ambos; biogeocenose.

Embrenhar – (vtd e vpr) Meter (-se) ou esconder (-se) nas brenhas ou nos matos. Ex.: "O guia embrenhou os turistas permanecendo sempre à frente. Embrenharam-se na mata procurando borboletas".

Espancar – (vtd) Dar pancadas em; derrear, desancar, sovar, surrar, tundar, zurzir. Ex.: "Os moleques espancaram o gato cruelmente".

Espreitar – (vtd e vint) Estar à espreita de; observar atentamente às ocultas; espiar, espionar. Ex.: "[...] começou a estranhar a mulher, a desconfiar dela e a espreitá-la, até que um belo dia, seguindo-a na rua sem ser visto" (AA1). "Espera que eu saia daqui, não quero que teu pai me veja e pense que estou espreitando".

Espingarda – (sf) Arma de fogo, portátil, de cano comprido, simples ou duplo, e coronha que se firma ao ombro para atirar; rifle.

Esplendor – (sm) Brilho de luz intenso; fulgor, resplendor.

Frondoso (a) – (adj) Que tem fronde ou que se encontra coberto, revestido de fronde (ramos, galhos etc.).

Guardião – (sm) Pessoa que protege e defende algo ou alguém; protetor.

Grunir – (vi) Som triste emitido por um animal mamífero. Ex.: "cachorro". (grifo do autor)

Habitat – (sm sing e pl) Conjunto de aspectos físicos e geográficos que proporcionam condições favoráveis ao desenvolvimento de certo animal ou vegetal.

Imenso – (adj) Que não se pode medir ou contar; colossal, descomunal, incomensurável. Ex.: "A imensa quantidade de estrelas do Universo tem sido sempre um tema fascinante".

Iminente – (adj) Que ameaça acontecer a qualquer momento; que parece que vai acontecer em breve; impendente, propínquo, próximo. Ex.: "[...] a situação política nacional tornou-se muito tensa, e a guerra civil parecia iminente".

Impulsionar – (vtd) Dar impulso a; empurrar. Ex.: O vento impulsionou o veleiro.

Inibir – (vtdi) Proibir, vedar. Ex.: "As fortes chuvas inibiram-nos de viajar."

Macular – (vtd) Pôr mancha ou mácula em; enodoar, manchar.

Mata virgem – (sf) floresta que não sofreu a ação do homem. (grifo do autor)

Micareta – (sf) Festa carnavalesca fora do período de carnaval.

Murmurar – (vtd e vtdi) Dizer algo em voz baixa, em sussurro, como que revelando um segredo; segredar, tugir. Ex.: "Ajoelhada na igreja, a beata murmurava uma prece. Durante o velório, os amigos murmuraram palavras confortadoras ao ouvido da viúva."

Restaurar – (vtd) Recuperar a forma original; recompor. Ex.: "Restaurou o velho casarão do século XIX."

Vastidão – (sf) Espaço que não parece ter fim; amplidão, imensidão. Ex.: "[...] enquanto suas músicas se empoeiram, seu piano passa dias inteiros fechado, suas bonecas não mudam de vestido, ela vaga solitária pela praia, perdendo seus belos olhares na vastidão do mar [...]"

Fonte: <u>Texto do seu parágrafo</u>. Acessado em 30 de set de 2024.

Marcos Antônio Pires, professor de Língua Portuguesa e Inglesa da rede municipal belacruzense (Bela Cruz - CE). Sempre gostou de estudar e a leitura foi seu passatempo predileto, despertando a curiosidade por muitos assuntos. Assim começou a pesquisar temas relevantes e diversos, com vários trabalhos publicados em revistas científicas nacional e internacional. Isso possibilitou a divulgação dos seus escritos no mundo letrado.

Para saber mais sobre o autor:
Lattes iD - http://lattes.cnpq.br/5028014182882409
E-mail: marcospires.diretor@gmail.com